AF402682

LA
Terrible Catastrophe

DU 4 MAI 1897

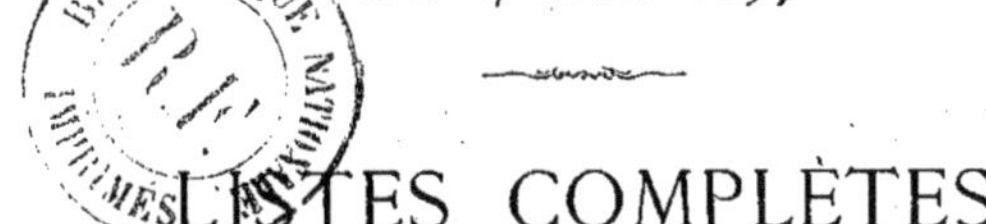

LISTES COMPLÈTES

DES VICTIMES, DES BLESSÉES ET DES BLESSÉS
DES SAUVETEURS ET DES BIENFAITEURS

DOCUMENTS PRÉCIEUX A CONSERVER

non seulement comme souvenirs impérissables des personnes citées et des faits accomplis,
mais aussi en prévision d'autres manifestations plus ou moins prochaines.

HOMMAGES PIEUX AUX MORTES ET AUX MORTS
SYMPATHIQUES CONDOLÉANCES AUX FAMILLES AFFLIGÉES
ENCOURAGEMENTS AUX BLESSÉES ET AUX BLESSÉS
UNION D'ACTIONS DE GRACES AVEC LES HEUREUSES ÉCHAPPÉES
HONNEUR AUX BRAVES SAUVETEURS
RECONNAISSANCE AUX BIENFAITEURS
ESPOIR ET COURAGE POUR TOUS LES VRAIS CHRÉTIENS DE FRANCE

Que ton âme avec *Dieu*, en règle soit toujours
Chrétien! car, seul *Il* sait quand viendra la *Seconde*
Qui, dans tes plus mauvais ou tes plus heureux jours.
Devra te délivrer des *misères du monde!*

E. VIATOR.

PARIS
LIBRAIRIE H. PERRET
59 *bis*, RUE BONAPARTE, 59 *bis*.

Juillet 1897

Liste complète des inoubliables victimes

DE LA CHARITÉ

S. A. R. Madame la Duchesse d'ALENÇON, née Sophie-Charlotte-Auguste, *50 ans*, sœur de l'Impératrice d'Autriche (nièce du Duc d'AUMALE, victime par contre-coup), tertiaire de Saint-Dominique. *A payé de sa vie le plus admirable des dévouements au salut de ses compagnes.*

Madame la Marquise d'ISLE, née Clémence CAPITAINE, *46 ans* (mère de Mademoiselle Marie d'ISLE, victime), 26, rue Notre-Dame des Victoires. — *Obsèques célébrées à Notre-Dame des Victoires le 8 mai.*

Madame la Marquise DE BOUTHILLIER-CHAVIGNY, née Julia DE VILLIERS DE LA NOUË, *50 ans*, (tante des deux Demoiselles DE CHEVILLY, victimes), 37, avenue d'Antin.

Madame la Comtesse d'HUNOLSTEIN, née Laure d'UZÈS, *59 ans* (belle-sœur de Madame la Duchesse d'UZÈS), 1, rue Saint-Dominique.

Madame la Comtesse COURET DE VILLENEUVE, née VALLER.

Madame la Comtesse Sabine DE VALLIN. — *Obsèques célébrées à Notre-Dame le 8 mai* (cérémonie officielle).

Madame la Comtesse DE LA BLOTTERIE, née Jeanne-Émilie-Théodore DE RIGNY D'OYSONVILLE, *45 ans*. — *Obsèques célébrées à Saint-Honoré d'Eylau le 8 mai.*

Madame la Comtesse Vᵛᵉ SERRURIER, 168, rue du Faubourg-Saint-Honoré.

Madame la Comtesse Vᵛᵉ DE MOUSTIER, née DE BÉZIAT D'AVARAY, *71 ans*, 85, rue de Grenelle. — *Obsèques célébrées à Sainte-Clotilde le 8 mai.*

Madame la Comtesse Vᵛᵉ Joseph DE CARAYON-LATOUR, née Isabelle DE LASSUS, *60 ans*, 11, rue Royale. — *Obsèques célébrées à la Madeleine le 8 mai.*

Madame la Comtesse d'ISOARD DE VAUVENARGUES, née Irène DE LALANNE, *28 ans*, 13, avenue de Ségur.

Madame la Comtesse DE LUPPÉ, née RIVIÈRE, *45 ans*, 103, rue de l'Université.

Madame la Comtesse DE HORN, née HABERT, *59 ans, décédée à l'hôpital Beaujon, le 4 mai au soir.*

Madame la Vicomtesse Fernand DE BONNEVAL, *45 ans*, née Marie DU QUESNE, 30, rue Las-Cases.

Madame la Vicomtesse Georges D'AVENEL née MEINEL (femme du collaborateur de la *Revue des Deux-Mondes*), 23, rue Galilée, décédée le 5 mai matin. — *Obsèques célébrées à Saint-Pierre de Chaillot le 8 mai.*

Madame la Vicomtesse DE MIMEREL, née Marie-Agnès DE GOSSELIN (fille de Mme DE GOSSELIN, victime), 5 *bis*, rue de Berri.

Madame la Vicomtesse DE BEAUCHAMP, née Valérie TURQUET DE LA BOISSERIE (nièce de M. TURQUET, ancien Sous-Secrétaire d'État). — *Obsèques célébrées à Saint-Thomas d'Aquin le 8 mai.*

Madame la Vicomtesse Christian DE MALÉZIEU, née LE ROYER DE LA TOURNERIE.

Madame la Vicomtesse Ferdinand DE BONNEVAL.

Madame la Vicomtesse DE DAMAS, née Victoire-Marie-Mathilde DE JUIGNÉ, *68 ans*, tertiaire franciscaine, 173, rue de l'Université. — *Obsèques célébrées à Saint-Pierre du Gros-Caillou le 10 mai.* A pris une part active au sauvetage de plusieurs personnes en les aidant à passer par une fenêtre du Bazar.

Madame la Vicomtesse DE SAINT-PÉRIER, née DE KERGORLAY (cousine du Général POILLOUE DE SAINT-MARS, victime par contre-coup), 9, rue d'Aguesseau.

Madame la Baronne douairière Vve Aimé DE SAINT-DIDIER, née Luize-Francisca PEDRA, *80 ans* (tante de Madame la Baronne Maurice DE SAINT-DIDIER, victime), 19, rue de la Ville-l'Évêque. Est allée au devant de la mort en retournant sur le brasier pour y chercher Mademoiselle DE KERGORLAY.

Madame la Baronne Maurice DE SAINT-DIDIER, née Marie-Thérèse-Jeanne DONON, *39 ans* (nièce de Madame la Baronne douairière DE SAINT-DIDIER, victime), 19, rue de la Ville-l'Évêque.

Madame la Baronne Élisabeth CARUEL DE SAINT-MARTIN, née GREEN DE SAINT-MARCEAU, 7, avenue Hoche.

Madame la Baronne DE VATIMESNIL, née Étienne-Marie-Isabelle MAISON (sœur de la Baronne DE MACKAU), 24, avenue d'Antin.

Madame DE GOSSELIN, née Lydie-Jeanne-Camille PANON-DESBASSYNS DE RICHEMONT, *57 ans*, (mère de Madame la Vicomtesse DE MIMEREL, victime). — *Obsèques célébrées à Saint-Philippe du Roule le 8 mai.*

Madame Aurélie PELLERIN DE LASTRELLE, 168, rue du Faubourg-Saint-Honoré.

Madame DE FLORÈS, *53 ans* (femme du Consul d'Espagne), 10, rue de l'Alma.

Madame DE VALENCE DE MINARDIÈRE, née Marie-Angélique-Apolline DE MARBOT, *48 ans* (mère des deux Demoiselles DE VALENCE DE MINARDIÈRE, victimes), 13, rue Duphot.

Madame DE VARANVAL, *25 ans*, née Hélène GUÉRARD, 21, rue de Marignan. — *Obsèques célébrées à Saint-Pierre de Chaillot le 8 mai.*

Madame Gaston DE CLERMONT, *46 ans*, fille de M. GROS-HARTMANN (tante de Mademoiselle

May-Life et nièce de Madame Schlumberger, victimes). — *Obsèques célébrées au temple de la rue Roquepine le 8 mai.*

Madame Laffite de Canson, née Marie-Adélaïde Roudaud de Courmaud, *53 ans.*

Madame de Suze, née Antoinette-Louise Senez, *décédée le 5 mai, à 5 heures du matin,* après avoir reçu les derniers sacrements et conservé sa connaissance jusqu'à son dernier soupir. — *Obsèques célébrées à Saint-Thomas d'Aquin le 8 mai.*

Madame de Sesseville, née Rambourg, *69 ans,* 159, boulevard Haussmann, *décédée le 7 mai, après trois jours d'horribles souffrances.*

Madame Vve de Carbonnel de Montgival (mère de Mademoiselle de Carbonnel, victime).

Madame Vve Brasier de Thuy, *68 ans,* née Catherine Lejeune, 164, rue du Faubourg-Saint-Honoré. — *Obsèques célébrées à Saint-Philippe du Roule le 8 mai.*

Madame la Générale Chevals, née Claire Boucher de Saint-Ange (sœur de Mademoiselle Boucher de Saint-Ange, victime), 53, avenue Montaigne.

Madame la Générale Warnet, née Emma Jaume, *65 ans* (femme du général Warnet, commandant de corps d'armée), 40, rue Boissy-d'Anglas.

Madame Étienne Moreau-Nélaton, née Edmée Braun, *32 ans* (belle-fille de Madame Adolphe Moreau-Nélaton, victime), 73 *bis,* rue du Faubourg-Saint-Honoré. — *Obsèques célébrées à Saint-Philippe du Roule le 8 mai.*

Madame Dillaye, née Carrière (mère de Mademoiselle Dillaye, et sœur et tante de Madame et de Mademoiselle Cuviller, victimes).

Madame Gohin, née Berthe Deschamps, *34 ans,* 4, rue du Havre.

Madame Porgès, née Weisveller, *42 ans,* 11, avenue de Friedland. — *Obsèques célébrées à la synagogue. par le grand rabbin Zadoc-Kann, le 8 mai.* — A trouvé la mort en retournant dans la fournaise à la recherche de sa fille.

Madame Hauducœur, née Flora Damien, *50 ans* (mère de Mademoiselle Madeleine Hauducœur, victime), 55, rue des Archives.

Madame Carteron, née Guillard, *67 ans* (mère de Mademoiselle Jeanne Carteron, victime), 180, rue de Rivoli.

Madame Vimont, née Alphonsine Fortin, *67 ans,* 47, boulevard Saint-Germain.

Madame Borne (maîtresse de Madame Mathilde Pierre, victime), 64, rue Condorcet.

Madame Chapuis, *43 ans,* 4, avenue de l'Opéra.

Madame Chouipe, née Blanche Grossier, *45 ans,* 19, rue des Cordelières.

Madame Suzanne Cordoën, née Le Sourd, *27 ans* (femme d'un fonctionnaire du Ministère des Finances), boulevard Saint-Germain.

Madame Cuviller, née Carrière (mère de Mademoiselle Esther Cuviller et sœur et tante de Madame et de Mademoiselle Dillaye, victimes), 14, rue Jules César.

Madame Genty, négociante, *23 ans* (fille de Madame Rabery, victime non retrouvée).

Madame Gosse, née Dagneau, *50 ans* (mère des deux jeunes filles Angèle et Zoé Gosse, victimes), à Bourg-la-Reine.

Madame Jacques Haussmann, née Hélène Poggenpohl, de nationalité russe (femme du trésorier-payeur général de la Haute-Marne), 53, rue de Prony.

Madame Hoskier (mère de Madame Rolland-Gosselin, victime), 18, avenue de Messine.
— *Obsèques célébrées à Saint-Augustin le 8 mai.*

Madame Louis Kann, née Stiebel, 19, rue Bassano.

Madame Laneyrie née Glandez, *45 ans* (femme du vice-président du tribunal de la Seine), 20, boulevard Saint-Michel. — *Obsèques célébrées à Saint-Augustin le 8 mai.*

Madame Lenormand, née Jeanne Famyne, 155, rue de la Pompe. — *Obsèques célébrées à Saint-Honoré d'Eylau le 8 mai.*

Madame Virginie Monti, née Saintain, *45 ans*, 52, avenue de la République.

Madame Nitot, née Jeanne-Lucie Toutain (femme du Docteur Nitot), *84 ans*, 24, rue Lafayette. — A trouvé la mort en retournant dans le Bazar à la recherche de sa fille Suzanne Nitot et de Mademoiselle Barrasset, victimes).

Madame Mathilde Pierre, née Michel (femme de chambre de Madame Borne, victime).

Madame Eugène Rolland-Gosselin, née Hoskier (fille de Madame Hoskier, victime), 1, rue de Berri. — *Obsèques célébrées à Saint-Augustin le 8 mai.*

Madame Cécile Jullian, *52 ans*, professeur de piano (décédée à l'hôpital Beaujon le 4 ou le 5 mai). — *Obsèques célébrées le 8 mai à Notre-Dame* (cérémonie officielle).

Madame Bouvier, née Claire Daloyau, *52 ans*, tertiaire de Saint-Dominique (*corps non retrouvé*).

Madame Fernand Jauffred, née Marie-Aglaé-Eugénie Gariel, 2, rue Rembrandt.

Madame Delaune, née Marie-Désirée Guérin, *44 ans* (mère de Mademoiselle Delaune, victime), *décédée dans la nuit du 15 au 16 mai*, 16, rue Lagrange. — *Obsèques célébrées à Saint-Nicolas du Chardonnet le 19 mai.*

Madame Rabery (mère de Madame Genty, victime, 23, rue des Archives (*corps non retrouvé*).

Madame Vve Germain, née Desmazières, 20, boulevard Montmartre.

Madame Vve Goupil, née Anne Gablett, *45 ans* (cuisinière chez Madame de Gosselin, victime).

Madame Vve Legrand, née Edmée Hubert, *63 ans*, 70, rue de Ponthieu.

Madame Vve Adolphe Moreau-Nélaton, *60 ans* (fille de feu le Docteur Nélaton, belle-mère de Madame Moreau-Nélaton, victime), 73 *bis*, rue du Faubourg-Saint-Honoré. — *Obsèques célébrées à Saint-Philippe du Roule le 8 mai.*

Madame Vve Rivière, née Lubaresse, *48 ans*, 29, rue de la Ferronnerie.

Madame Vve Rolin-Huzard, née Angélique de la Briffe, *63 ans* (sœur de M. le Vicomte de la Briffe), tertiaire de Saint-Dominique, 122, boulevard de Courcelles. — *Obsèques célébrées à Saint-Ferdinand le 8 mai.*

Madame Vve Louise Schlumberger-Hartmann née Hartmann (tante de Madame Gaston de Clermont, victime), 140, rue du Faubourg-Saint-Honoré. — *Obsèques célébrées au temple de la rue Roquepine le 8 mai.*

Madame Vve Léon Valentin, née Marguerite Perrette, 80, rue de Varenne.

☩

Madame Sœur Géneviève Ginoux de Fermont, *34 ans*, en religion *Sœur Marie*, Supérieure de la communauté des Sœurs de Saint-Vincent de Paul, au Raincy, 13, rue de la Ville-l'Évêque.

Madame Sœur de Hondt, *25 ans*, 13, rue de la Ville-l'Évêque.

Madame Sœur Catherine-Marie-Madeleine, née Julie Garivet, *44 ans*, des Sœurs aveugles de Saint-Paul (compagne de Sœur Sainte-Claire, victime), rue Denfert-Rochereau.

Madame Sœur Marie-Adèle Sabathier, *57 ans* (compagne de Mademoiselle Léonie Guillemin, victime), 7, rue Poultier.

Madame Sœur Thomazan, *70 ans*, Supérieure des Sœurs de Saint-André, 82, rue de l'Abbé-Groult.

Madame Sœur Marie Patrice.

Madame Sœur Sainte-Claire, née Marguerite Rémond, *61 ans*, des Sœurs aveugles de Saint-Paul.

Madame Sœur Angélique (*corps non retrouvé*).

✠

Mademoiselle Madeleine de Clercq, *9 ans* (fille du Comte et de la Comtesse de Clercq), 117, boulevard de Courcelles.

Mademoiselle Marie-Jacqueline de Valence de Minardière, *16 ans* (fille et sœur de Madame et de Mademoiselle Marguerite de Valence de Minardière, victimes), *décédée le 5 mai. — Obsèques célébrées à la Madeleine le 10 mai.*

Mademoiselle Marguerite-Marie-Antoinette de Valence de Minardière, *19 ans* (fille et sœur de Madame et de Mademoiselle de Valence, victimes), *décédée le 14 mai. — Obsèques célébrées à la Madeleine le 18 mai.*

Mademoiselle Antoinette Mandat de Grancey, *19 ans*, 6, rue de Greuze.

Mademoiselle Yvonne de Chevilly, *18 ans* (nièce de Madame la Marquise de Bouthillier-Chavigny et sœur de Mademoiselle Eudoxie-Marie-Louise de Chevilly, victimes), 9, rue des Écuries-d'Artois.

Mademoiselle Eudoxie-Marie-Louise de Chevilly, *21 ans* (nièce de Madame la Marquise de Bouthillier-Chavigny et sœur de Mademoiselle Yvonne de Chevilly, victimes), 9, rue des Écuries-d'Artois.

Mademoiselle Marie d'Isle, *21 ans* (fille de Madame la Marquise d'Isle, victime), 26, rue Notre-Dame des Victoires. — *Obsèques célébrées à Notre-Dame des Victoires le 8 mai.*

Mademoiselle Madeleine Hauducœur, *27 ans*, (fille de Madame Hauducœur, victime), 55, rue des Archives.

Mademoiselle Henriette d'Hinnisdal (fille du comte et de la comtesse d'Hinnisdal), 60, rue de Varenne.

Mademoiselle Caroline Cosseron de Villenoisy, *60 ans* (sœur du Général de Villenoisy), *décédée à son domicile le 4 mai,* après avoir fait appeler un prêtre.

Mademoiselle de Courmont.

Mademoiselle de Carbonnel (fille de Madame Vve Carbonnel de Montgival, victime).

Mademoiselle Laure Boucher de Saint-Ange (sœur de Madame la Générale Chevals, victime), 53, avenue Montaigne.

Mademoiselle Marie-Charlotte-Marguerite de Cossart-Despiès, *51 ans*, 10, rue de Lisbonne.

Mademoiselle de Corneau, *68 ans*, 18, rue Boissy-d'Anglas.

Mademoiselle Élisabeth de Guilleton, *23 ans.*

Mademoiselle Esther Cuviller, *4 ans* (fille de Madame Cuviller, victime), 14, rue Jules César.

Mademoiselle Suzanne Nitot, *9 ans,* fille du Docteur Nitot (fille de Madame Nitot, victime), 24, rue Lafayette.

Mademoiselle Germaine Feulard, *10 ans* (fille du Docteur Feulard, victime). — *Obsèques célébrées à Notre-Dame de Lorette le 8 mai.*

Mademoiselle Christiane Meilhac, *15 ans* (petite-fille de Monsieur Potdvin, victime), 19, rue de Sévigné.

Mademoiselle Alice Jacqmin, *17 ans* (fille de M. Jacqmin, Inspecteur général des chemins de fer de l'Est), 1, rue Nouvelle.

Mademoiselle Camille-Hélène-Marguerite Dutreilh, *18 ans* (fille de l'ancien sénateur de la Mayenne).

Mademoiselle Léonie Guillemin, *19 ans,* orpheline des Sœurs de Sainte-Anne, de Saint-Louis en l'Île (compagne de Sœur Marie-Adèle Sabathier, victime), 7, rue Poultier.

Mademoiselle Valérie Véahastell, *20 ans,* d'origine belge (compagne des Sœurs Ginoux et de Hondt, victimes), 7, boulevard du Nord.

Mademoiselle Élodie Vanbienolbien, *20 ans* (femme de chambre de la Baronne de Saint-Didier, victime), 19, rue de la Ville-l'Évêque. — *Obsèques célébrées à la Madeleine, en compagnie de Mesdames les Baronnes de Saint-Didier, le 8 mai.*

Mademoiselle Marie-Thérèse Simon, *22 ans* (fille du Docteur Léon Simon), 24, place Vendôme.

Mademoiselle Lina Lefevre-Sinucane, *22 ans,* 7, rue Berthier (protégée de Madame Schlumberger-Hartmann, victime). — *Obsèques célébrées au temple de la rue Roquepine le 8 mai.*

Mademoiselle Hélène Barrasset, *23 ans,* 12, rue Joubert.

Mademoiselle Louise Gérondeau, *25 ans,* 129, rue de l'Université.

Mademoiselle Louise Lourman, *28 ans.* 21, boulevard Latour-Maubourg.

Mademoiselle Marie-Louise Picqué, *34 ans* (sœur du docteur Picqué), 8, rue de l'Isly.

Mademoiselle Ernestine Moreau, *36 ans* (domestique du Docteur Feulard, victime), dépôt mortuaire de la rue de Maistre. — *Obsèques célébrées à Notre-Dame de Lorette le 8 mai.*

Mademoiselle Marie Moisson, *36 ans,* 91, rue des Martyrs.

Mademoiselle Jeanne Carteron, *33 ans* (fille de Madame Carteron, victime), 180, rue de
Rivoli.

Mademoiselle Dillaye (fille de Madame Dillaye, victime).

Mademoiselle Angèle Gosse, *20 ans* (fille de Madame Gosse et sœur de Zoé Gosse, également victimes), à Bourg-la-Reine.

Mademoiselle Zoé Gosse, *8 ans 1/2* (fille de Madame Gosse et sœur de Mademoiselle
Angèle Gosse, également victimes), à Bourg-la-Reine.

Mademoiselle Louise Terre, *49 ans* (sœur d'une religieuse de Saint-Thomas-de-Ville-
neuve, à Tours), à Chéroy (Yonne)

Mademoiselle Élise Blonska, *62 ans* (originaire de Russie), bibliothécaire de MM. Cla-
retie, Sarcey et autres hommes de lettres.

Mademoiselle May-Life (nièce de Madame Gaston de Clermont, victime).

Mademoiselle Marie-Hélène-Désirée Delaune, *21 ans* (fille de Madame Delaune, victime),
décédée dans la nuit du 15 au 16 mai, 16, rue Lagrange. — *Obsèques
célébrées à Saint-Nicolas du Chardonnet le 19 mai.*

Monsieur le Général Munier, *69 ans*, 97, boulevard Malesherbes, *décédé le 6 mai.* —
Obsèques célébrées à Saint-Augustin le 12 mai.

Monsieur le Docteur Henri Feulard (père de Mademoiselle Germaine Feulard, et maître
de Mademoiselle Ernestine Moreau, victimes). — *Obsèques célébrées à
Notre-Dame de Lorette le 8 mai.*

Monsieur le Docteur Rochet, *67 ans.*

Monsieur Victor Potdvin, *60 ans* (grand-père de Mademoiselle Christiane Meilhac, victime), 19, rue de Sévigné.

Monsieur Albert-Léon Mazure, *65 ans*, Ingénieur des ponts et chaussées (père du sous-
chef du cabinet du Ministre du Commerce). — *Obsèques célébrées à Sainte-
Clotilde le 8 mai.*

Monsieur Noisson.

Monsieur Joseph Denon, *14 ans* (groom de Madame de Caravon La-Tour), 11, rue Royale.

Monsieur Alfred David, *4 ans*, 30, rue Julie.

Monsieur Eugène Chalmel, *décédé le 25 mai, après vingt jours de souffrances*, malgré
le caractère peu inquiétant de ses brûlures au début.

Trois cadavres non reconnus (*inhumés le 11 juin, avec pompes officielles, purement civiles*). — Les trois cercueils, portant une inscription spéciale sous les n°s 322, 323 et 324, ont été déposés dans les caveaux de la Ville de Paris, au Père-Lachaise.

✠

VICTIMES PAR CONTRE-COUP

Mademoiselle Aliette DE BONNEVAL, *15 ans* (fille de Madame la Comtesse DE BONNEVAL). — *Obsèques célébrées à Sainte-Clotilde le 15 mai.*

Madame X... à *Buxy* (Saône-et-Loire), frappée d'apoplexie en apprenant l'état désespéré de Mademoiselle Antoinette DE VALENCE qu'elle avait élevée.

Monsieur le Général Duc D'AUMALE (oncle de Madame la Duchesse D'ALENÇON).
Monsieur le Général POILLOUE DE SAINT-MARS (cousin de Madame la Vicomtesse DE SAINT-PÉRIER, victime).

Monsieur PELLERIN DE LASTRELLE, *63 ans* (beau-père de Madame Aurélie PELLERIN DE LASTRELLE et frère de Madame la Comtesse SERRURIER, victimes).

? . . . .
? . . . .
? . . . .

LES BLESSÉES ET LES BLESSÉS

LISTE DES BLESSÉES, PAR ORDRE ALPHABÉTIQUE

Mme ANDLAU (D'), 14, rue Matignon, *brûlée au cou et à la face.*

✠Mme AVENEL (la Vicomtesse D'), née MEINEL, *profondes blessures aux yeux et à la tête. A succombé le 5 mai au matin.*

Mme BAIGNIÈRES (Henri), *blessures sans importance.* A eu la présence d'esprit de longer le mur d'enclos du terrain vague et d'arriver ainsi jusqu'à la rue Jean-Goujon.

Mme BARBIER SAINTE-MARIE (M.), *légères brûlures au front et une entorse.* A été sauvée miraculeusement par un inconnu qui l'a retirée d'un amas de corps enflammés.

Mme BENOIT (fille de M. CHALMEL, Eugène, victime), *brûlures sans gravité.* A échappé heureusement en compagnie de son père (*décédé vingt jours après*), de sa mère et de plusieurs vendeuses.

Mme BERTOU (femme du sénateur des Bouches-du-Rhône), *légères contusions et foulure au pied.*

Mme BILLOTTE (femme du secrétaire de la Banque de France), *grièvement brûlée au bras et à la joue.*

Mme BOULARD DE VILLENEUVE, *brûlures légères.*

Mme BOURGUIGNON DE PILLY, *brûlures très légères.*

Mme BOULET (Henri), *brûlures très légères.*

Mlle BOUVIER (fille de Mme BOUVIER, victime), *brûlures profondes sur toute la partie supérieure du corps.*

✠Mme Vve BRAZIER DE THUYS, née Catherine LEJEUNE, *68 ans,* 164, rue du Faubourg Saint-Honoré, *affreusement brûlée, décédée à son domicile, le 5 mai.*

Mme BRÉQUEVILLE-CELLIÈRE (DE), *pieds brûlés, buste et bas du corps parsemés de cloques.* Entrée avec deux petites filles et un petit garçon au moment même où éclatait l'incendie, elle a été renversée, dès les premiers pas, par la foule affolée, puis couverte de débris de toiture enflammée. Sauvée sans s'expliquer comment; a été dans un état d'autant plus grave que la crainte de la mort des enfants qui l'accompagnaient lui avait, au premier moment, troublé l'esprit.

Mme CAILLAUX (grand'mère de Mlle Alice JACQMIN, victime), 14, rue Nouvelle, *brûlures profondes à la tête, aux reins, aux jambes et aux mains.*

Mlle CANDÉ (DE) (nièce de M^mo DE MONTEBELLO)
Mlle CANDÉ (DE) — —
(et sœur de la précédente).

> *Visage et bras fortement brûlés mais sans gravité. Sauvées au moment où les flammes les atteignaient dans le terrain vague.*

Mme CAREPABUS (la Comtesse DE), brésilienne, *légèrement blessée.*

M^mo CARMIER, *brûlures graves dans la région dorsale et au bras.* Arrivée une des premières près de la fenêtre de l'hôtel du Palais, Mme Carmier venait d'être soulevée par les mains et allait échapper à tout danger quand une autre femme la força à lâcher prise en la frappant violemment.

Dans sa chute, ses vêtements prirent feu et ce n'est que, parvenue presqu'aussitôt dans l'hôtel du Palais, qu'on a pu les éteindre et constater son affreux état.

✠Mme CARTERON, née GUILLARD, *67 ans* (mère de Mlle Jeanne CARTERON, victime), 180, rue de Rivoli, *brûlures graves, décédée à son domicile le   mai.*

✠Mlle CARTERON (Jeanne), *33 ans* (fille de M^mo CARTERON, victime), 180, rue de Rivoli, *brûlures graves, décédée à son domicile le   mai.*

Mme CHALMEL (Eugène), *brûlures sans gravité.* A échappé heureusement en compagnie de son mari (*décédé depuis*) et de sa fille (M^mo BENOIT), également brûlés d'une façon légère.

Mme CHENEVIÈRE (Adolphe), *brûlures très légères.*

M^mo COSTA DE BEAUREGARD (la Marquise), *brûlures sans gravité.*

Mme DARESTE (Pierre), (femme d'un avocat du Conseil d'État et de la Cour de cassation), *fortement brûlée.* Après avoir été bousculée et piétinée, a été préservée d'une mort certaine par un cocher qui l'a enveloppée, avec ses vêtements enflammés, dans une couverture.

M^mo DARLU, présidente de l'Orphelinat Saint-François-Xavier, *bras tout contusionné.* A été prise par le bras et soulevée jusqu'à la fenêtre de l'hôtel du Palais, sans s'en être aperçue.

✠M^mo DELAUNE (mère de Mlle DELAUNE, victime), 16, rue Lagrange, *brûlures profondes, décédée dans la nuit du 15 au 16 mai.*

✠Mlle DELAUNE (fille de M^mo DELAUNE, victime), 16, rue Lagrange, *grièvement brûlée, décédée dans la nuit du 15 au 16 mai.*

M^mo DUMAS (Colette), *brûlures légères au visage.*

Mme FABRE-LUCE (DE), *légèrement brûlée à la figure et aux bras, vêtements déchirés du haut en bas.*

Mme FEULARD (femme du docteur FEULARD et mère de Mlle Germaine FEULARD, victimes). *Horriblement brûlée au visage et sur diverses parties du corps, les mains notamment.* La brûlure la plus douloureuse est celle du dos produite par le goudron enflammé.

✠Mᵐᵉ FLORÈS (Carlos DE), *53 ans* (femme du consul d'Espagne), 10, rue de l'Alma, *grièvement brûlée, décédée à l'hôpital Beaujon dans la nuit du 4 au 5 mai.*

Mˡˡᵉ FLOURENS ( ) (fille de l'ancien ministre) ⎰ *épaules brûlées sous le cor-*
Mˡˡᵉ FLOURENS ( ) — — ⎱ *sage par l'intensité du feu.*

Mˡˡᵉ FROISSARD (DE), (petite-fille de Mᵐᵉ PORGÈS, et nièce de Mᵐᵉ DE SESSEVAL). *Nombreuses brûlures sans gravité.*

Mᵐᵉ GAILLARD (Émile), propriétaire, boulevard Malesherbes. *Brûlures légères à la figure et contusion à l'épaule.*

Mᵐᵉ GERMOND (la Vicomtesse DE), *légèrement brûlée et blessée,* quoique retirée des décombres de la porte d'entrée à la fin de l'incendie seulement.

Mˡˡᵉ GUILLONIE (DE LA), (nièce de la Comtesse MNISZECH), *dos et visage brûlés.*

Mˡˡᵉ GUILLOT (Adolphe), (fille du juge d'instruction), *légèrement brûlée.*

Mᵐᵉ HINNISDAL (la Comtesse D'), née BÉTHUNE-SULLY (mère de Mˡˡᵉ Henriette D'HINNISDAL, victime), 60, rue de Varenne, *grièvement brûlée.*

✠Mᵐᵉ HORN (la Comtesse de), née HABERT, *59 ans, brûlures affreuses compli-quées de brûlures occasionnées par quatre chutes successives, décédée à l'hôpital Beaujon, quelques heures après son entrée, le 4 mai.*

Mᵐᵉ HUET, chez les religieuses du Calvaire, Grande-Rue, à Bourg-la-Reine.

Mˡˡᵉ JEUNEHOMME (Marguerite), *brûlée grièvement dans le dos,* après être rentrée deux fois dans le bazar pour y chercher Sœur ANICIA, qu'elle emporta évanouie, et sa Supérieure, qu'elle ne trouva plus.

Mᵐᵉ JOUBERT (Vᵛᵉ), *contusions et brûlures légères, mais nombreuses.*

Mᵐᵉ JOUBERT (Jean), (fille de Mᵐᵉ Vᵛᵉ JOUBERT), *contusions et brûlures légères, nombreuses.*

✠Mᵐᵉ JULIAN (Cécile), née JULIAN, *52 ans,* professeur de piano, *visage affreuse-ment brûlé, décédée à l'hôpital Beaujon, le 5 mai.*

Mᵐᵉ LA HAYE (François DE), 30, rue de Lubeck, *blessures assez graves au bras et à l'épaule.*

Mᵐᵉ LANIEL, *région dorsale, une partie des épaules, cheveux et cuir chevelu ter-riblement brûlés, rien au visage.*

Mˡˡᵉ LAUMONT (DE), *brûlures et contusions légères.*

Mᵐᵉ LEBON, religieuse des Filles de la Charité, rue du Bac, *grièvement brûlée.*

Mᵐᵉ LEFÈVRE, chez les religieuses du Calvaire, Grande-Rue, à Bourg-la-Reine.

Mᵐᵉ LEJEUNE (la Baronne), née TAIGNY, *contusions reçues dans la mêlée.*

Mᵐᵉ LE GLAY, *légères contusions.*

Mᵐᵉ LISSINGEN (DE), (fille de Mᵐᵉ la Comtesse DE HORN, victime), *brûlures graves et contusions* reçues pendant sa chute sur le trottoir après avoir relevé trois fois la Comtesse, sa mère, dont les vêtements, ainsi que les siens, étaient en flammes.

Mme LUBERSAC (la Marquise DE), née CHAUMONT-QUITRY, *brûlures profondes.*

Mlle MACEDO (Carmen), brésilienne, *légèrement blessée.*

Mme MAISON (la Marquise DE), *légères brûlures, à la main gauche et au visage.* N'a dû son salut qu'à l'admirable dévouement de deux religieuses du Perpétuel-Secours qui l'accompagnaient. Mme DE MAISON relevait de maladie et faisait sa première sortie depuis six mois.

Mme MACHIELS (nièce de Mme la Baronne Paul DE CONBERTIE), *brûlures assez graves.*

Mme MALÉZIEU (la Comtesse DE), belle-mère de Mme la Vicomtesse DE MALÉZIEU, victime), *grièvement brûlée.*

Mlle MECQUENEM, *brûlures assez graves aux yeux.*

Mme MILCENT, née MARTIGNAC.

Mme MONNIER (Frédéric), femme du sénateur des Bouches-du-Rhône, *gravement contusionnée.*

Mme MONTEBELLO (la Comtesse Fernand DE), (tante de Mlles DE CANDÉ), *visage et bras fortement brûlés mais sans gravité,* sauvée au moment où les flammes l'atteignaient dans le terrain vague.

Mme MORADO, *brûlures et contusions.*

Mlle MORADO (Rosine), *cuir chevelu brûlé par la fonte de son peigne en écaille.* Vêtements enflammés en retournant au secours de sa mère après avoir pu sortir une première fois.

Mlle MORADO (Niza), *plusieurs contusions.*

Mme MORELLO, *très grièvement brûlée.*

Mlle PARC (DU), (petite-fille de Mme PORGÈS et nièce de Mme DE SESSEVAL), *nombreuses brûlures sans gravité.*

Mme PIOGEY (Émile), (femme du docteur Piogey), *légèrement contusionnée.*

Mme PONTALBA (DE), *légères brûlures.*

Mlle PONTALBA (DE), (fille de Mme DE PONTALBA), *légères brûlures.*

Mme PORGÈS (Jules), (mère de Mme DE SESSEVAL et grand'mère de Mlle DE FROISSARD et de Mlle DU PARC), *fortement contusionnée.*

Mme RIANCEY (la Comtesse DE), (mère de Mlle DE RIANCEY), *contusions sans gravité.* A été foulée aux pieds.

Mme ROCHET (femme du docteur ROCHET, victime), *brûlures sérieuses.*

Mme RUEF (Jules), née GUBBAY (femme du directeur des Messageries fluviales de Cochinchine), *sérieusement contusionnée dans la bagarre.* A réussi, après avoir gagné le terrain vague, à pénétrer dans un immeuble voisin à l'aide d'une échelle apportée par des sauveteurs vers la fin de l'incendie.

Mme SASSENAY (la Marquise DE), *brûlures et contusions légères.*

Mme SAVIGNY DE MONCORPS (la Vicomtesse DE), (femme d'un membre de la Société des Bibliophiles français), *fortes brûlures au visage, au bras gauche et à l'épaule.*

Mme SESSEVAL (DE), (fille de Mme PORGÈS et tante de Mlles DE FROISSARD et DU PARC), *fortement contusionnée.*

Mme SILVERS (E.-B.), *larges brûlures aux omoplates et nombreuses contusions.*

Mme SURREAULT, propriétaire, 45, avenue de l'Alma, *épaules et bras grièvement brûlés*. Aurait pu s'échapper saine et sauve, mais a préféré céder le pas à Mme DE HÉRÉDIA pour ne pas séparer la mère de la fille.

Mlle TANLAY (DE), *blessures sans importance*. A eu la présence d'esprit de suivre le mur d'enclos du terrain vague et d'arriver ainsi jusqu'à la rue Jean-Goujon. *Seule survivante du comptoir où vendaient* MM^{mes} DE CARAYON-LA TOUR, DE BOUTHILLIER, DE MIMEREL, etc., *victimes*.

Mme TORRE (la Duchesse DE LA), *quelques brûlures au visage et aux bras*.

Mme TOURNUS (Alphonse), (femme du trésorier-payeur général de l'Aisne), *grièvement blessée au bras, à la jambe et à la tempe*. Sauvée comme par miracle.

Mme UZÈS (la Duchesse D'), (belle-sœur de Mme la Comtesse D'HUNOLSTEIN, victime), *joue légèrement brûlée*.

✠Mlle VALENCE DE MINARDIÈRE (Marie-Jacqueline DE), *16 ans* (fille de Mme DE VALENCE DE MINARDIÈRE et sœur de Mlle Marguerite, victimes), *affreusement brûlée, décédée le 5 mai*.

✠Mlle VALENCE DE MINARDIÈRE (Marguerite-Marie-Antoinette DE), *19 ans* (fille de Mme et sœur de Mlle Marie DE VALENCE DE LA MINARDIÈRE, victimes), *brûlures graves, décédée le 14 mai*.

✠Mlle VILLENOISY (Antoinette COSSERON DE), *60 ans* (sœur du général DE VILLENOISY), *très grièvement brûlée. Décédée à son domicile le 4 mai au soir, après avoir fait appeler un prêtre*.

Mlle ZURLA (sœur de Mme DE SALVERTE), *cheveux brûlés*.

Mme SUZE (DE), née Antoinette-Louise SENEZ, *brûlures atroces. Décédée le 5 mai, à 5 heures du matin, après avoir reçu les derniers sacrements*.

. . . .
. . . .
. . . .

LISTE DES BLESSÉS, PAR ORDRE ALPHABÉTIQUE

M. ALENÇON (le Duc D'), *légèrement blessé à la tête, barbe brûlée*.

M. BLOUNT (Henry), 59, rue de Courcelles (gendre du Marquis DE BASSANO), *cheveux et cuir chevelu brûlés*.

✠M. CHALMEL (Eugène), *brûlures assez graves à la jambe et au bras*. Avait échappé heureusement en compagnie de sa femme et de sa fille (Mme BENOIT). — *Décédé le 25 mai*.

M. FÉVRIER (le général), *brûlures légères*.

M. GEORGES, cocher, *brûlures assez sérieuses aux bras,* en accomplissant courageusement une quinzaine de sauvetages, lesquels lui ont valu la croix de la Légion d'honneur.

M. LA HAYE (François DE), 30, rue de Lubeck, *blessures assez graves au cou et à la tempe* contractées en tentant le sauvetage de Mme la Baronne douairière DE SAINT-DIDIER.

M. MONGERMONT (Georges DE), *légèrement brûlé.*

✠M. MUNIER (le général), ancien commandant en chef au Tonkin, *brûlures graves auxquelles il a succombé le 10 mai.*

C'est en voulant coopérer au sauvetage des sinistrés du Bazar de la Charité que ce brave soldat a été atteint mortellement.

M. ODELIN (l'abbé), vicaire général honoraire du diocèse de Paris, *brûlé à la nuque et à la main.*

M. PONTALBA (DE), *sérieuses brûlures.* A enlevé la Baronne DE SAINT-DIDIER dans ses bras, l'a laissée retomber deux fois, puis, aveuglé par la fumée au moment où les vêtements de la Baronne prenaient feu, il l'a complètement perdue de vue.

M. REILLE (le Baron), député du Tarn, *blessé à la main et au front* en protégeant la sortie de Mme la Baronne REILLE, sa femme.

M. SAUSSIER (le général), *légères brûlures aux pieds et au bas des jambes.*

AVIS IMPORTANT

Les personnes qui auraient des rectifications à faire opérer sont instamment priées de les signaler, *de la façon la plus précise,* à M. PERRET, libraire, 59 *bis,* rue Bonaparte, Paris.

LISTE DES RÉCOMPENSES

décernées aux sauveteurs de l'incendie du Bazar de la Charité.

Croix de Chevalier de la Légion d'honneur.

M.   Jean-Baptiste GEORGES, cocher de remise, 33, rue du Champ-de-Mars, blessé.

Rappel de Médaille d'or de 1ʳᵉ classe.

M.   MOUQUIN, commissaire de police divisionnaire.

Médailles d'or de 1ʳᵉ classe.

Mᵐᵉ ROCHE-SAUTIER, maîtresse de l'hôtel du Palais, 28, Cours-la-Reine.

M.   Jules GAUMERY, 44 ans, né à Nemours, chef de cuisine à l'hôtel du Palais, 28, Cours-la-Reine, 21 ans de services à l'hôtel du Paris.

M.   Édouard VAUTHIER, 19 ans, aide-cuisinier à l'hôtel du Palais, 28, Cours-la-Reine.

M.   Ange-Marie PIQUET, ouvrier plombier, 123, rue de l'Ouest, graves blessures.

M.   Alfred-Gustave DHUYS, ouvrier, 12, rue du Rhin.

M.   Jean-Baptiste GEORGES, 37 ans, cocher de remise, 33, rue du Champ-de-Mars, blessé.

M.   Jean-Yves DELIGEART, valet de chambre de la comtesse Greffulhe.

M.   Édouard TRESCH, palefrenier.

M.   Léon BERTEAUX, directeur de l'imprimerie de la *Croix*.

M.   Alfred BAUDUIN, ouvrier imprimeur à l'imprimerie de la *Croix*, avenue Bosquet, blessé.

M.   Charles GLAD, ouvrier imprimeur à l'imprimerie de la *Croix*, avenue Bosquet, blessé.

M.   Pierre WEBER, professeur de gymnastique.

M.   Alfred JACQUIN, lieutenant au 102ᵉ d'infanterie.

M.   Auguste HENNO, sous-brigadier de gardiens de la paix du XVIᵉ arrondissement, blessé.

M.   Louis AUBRY, gardien de la paix du VIIIᵉ arrondissement, blessé.

M.   Ferdinand GUÉRIN, gardien de la paix du VIIIᵉ arrondissement, blessé.

M.   Hippolyte-Paul MICHAUT, gardien de la paix du VIIIᵉ arrondissement, blessé.

Médailles d'or de 2ᵉ classe.

Mˡˡᵉ JEUNEHOMME.

Mᵐᵉ METTERN, née Marie-Marguerite ANTOINE, lingère.

Mᵐᵉ SURREAULT, née Victorine-Adrienne DAMOY, propriétaire.

M.   Léon TÉGUI, peintre en bâtiments.

M.   Georges PILACLET, ouvrier doreur.

M.   Jean-Jacques SERRE, ouvrier doreur.

M.   Fernand MICHAUX.

M.   Jules PORGÈS.

M.   NORIOT, commissaire de police divisionnaire.

M.   PRÉLAT, commissaire de police des Champs-Élysées.

M.   Paul-Auguste MATRAS, gardien de la paix.

Médailles d'argent de 1ʳᵉ classe.

Mˡˡᵉ PÉAN (fille du Dʳ Péan).

Mᵐᵉ Anne GENEST, en religion Sœur SAINT-JOSEPH-MARIE.

Mᵐᵉ Joséphine BOUTON, née COULLEREZ, ouvrière, 22, rue Jean-Goujon, a coupé, avec des
    ciseaux, des cheveux enflammés.

Mᵐᵉ Vve Anaïs DHEURS, née CHARAL.

Mᵐᵉ PAYAN, née Alice-Marguerite BOUCHER-CADART.

M.   Charles WAGNER, maître-d'hôtel à l'hôtel du Palais, 28, Cours-la-Reine, blessé.

M.   Jean-Pierre LABORIE, 49 ans, garçon d'office à l'hôtel du Palais.

M.   Édouard HEIDT, 42 ans, garçon d'office à l'hôtel du Palais, 13, rue Legrattier, blessé.

M.   Léon-Henri DESJARDINS, couvreur, 38, rue Croix-Nivert.

M.   Joseph MELLES, fumiste, 34, rue de l'Abbé Groult.

M.   Lambert ROGIS, ouvrier mécanicien, 141, avenue de Versailles.

M.   Paul-Louis GASTINNE, armurier.

M.   Maurice-Eugène TREILLET, cocher, à Neuilly-sur-Seine.

M.   François-Guillaume DESPRÉAUX DE SAINT-SAUVEUR, cocher de la voiture 9.309.

M.   Lucien-Aristide CHEVALIER, palefrenier, employé aux écuries de Rothschild.

M.   Gabriel PÉLISSIER, concierge, 9, rue Bayard.

M.   Eugène-Louis BLANDIN, domestique.

M.   Daniel-Édouard CURRIT, domestique.

M.   Jean-Claude VOUILLON, domestique.

M.   Louis-Ernest HUMBLOT, valet de chambre.

M.   Louis PIERRON, employé.

M.   Émile-Eugène PONSARD.

M.   Valentin PICOT-GUÉRAUD, représentant de commerce, 25, avenue de Courbevoie, à
    Asnières.

M.   Armand DAYOT, homme de lettres, inspecteur des Beaux-Arts, 31, place Saint-Ferdinand.

M.   Alcide RIBOULLEAU, garçon de bureau à la Présidence de la Chambre.

M. Legras, chef de station des Ambulances urbaines.

M. Farjas de Lamothe, interne des Ambulances urbaines.

M. François-Jacques Jézéquel, gardien de square.

M. Cordier, capitaine.

M. Mathis, capitaine.

M. Sérand, —

M. Manderant, adjudant.

M. Thierry, adjudant au 28° d'infanterie.

M. Bouvet, sergent.

M. Descaves, officier de paix du XVI° arrondissement.

M. Murat, — du VIII° arrondissement.

M. Bayle, gardien de la paix —

M. Hippolyte Jean, gardien de la paix du VIII° arrondissement.

M. Charles Olive, — —

M. Paris, — —

M. Poirat, — —

M. Thirion, — —

Médailles d'argent de 2ᵉ classe.

Mme Maria Thurin, en religion Sœur Maria, de la Congrégation du Perpétuel-Secours, à Levallois-Perret.

M. Grunwald, sommelier de l'hôtel du Palais, 28, Cours-la-Reine.

M. Dereins, imprimeur, 4, rue Montessuy.

M. Gaugnard, directeur des écuries Rothschild.

M. Louis-Théophile Périer, piqueur de la maison Filon, 9, rue Jean-Goujon.

M. Eugène Thoury, sellier.

M. Jean-Justin Cluny, ouvrier maréchal-ferrant.

M. Charles Ducrabon, ouvrier ébéniste.

M. Philippe Sanson, ouvrier menuisier.

M. Gaston-Léon Saintier, valet de chambre.

M. Edmond-Édouard Cauzard, valet de pied.

M. Léon-Jean André, valet de pied.

M. Charles Berguer, valet de pied.

M. Paul-Ulysse Marais, groom chez Mme la comtesse de Montferrand, blessé.

M. Jules-Marie Cueille, cocher.

M. Paul-Victor Verge, cocher.

M. Fortuné Vast, cocher.

M. Pierre-François Huet, cocher, à Vitry-sur-Seine.

M. Marie-Eugène Jeannot, maître-d'hôtel.

M. Pierre Dantier, concierge.

M. Hippolyte Garnier, concierge.

M. Théophile Weisser, tapissier.

M. Jules Leyzieu, marchand boucher.

M. Jean ORSET, garçon fruitier.

M. Pierre SERRE, porteur aux halles.

M. Georges MONÉGER, journalier.

M. KUHN, employé de commerce.

M. Fernand-Charles DE MELY, propriétaire.

M. Henri TOLLIN-RIVAROL, rentier.

M. Marie-Léon COMTE, directeur d'École communale.

M. Jules ROUSSEL, secrétaire du musée du Trocadéro.

M. SABATIER, publiciste.

M. Laurent BOULLE, cantonnier de la Ville de Paris.

M. Jean-Pierre ROSSEN, cantonnier de la Ville de Paris.

M. Jacques-Xavier PRISCAL, gardien de square.

M. Jean MARTIN.

M. Frédéric Pierre MÉZIÈRE.

M. Ernest STURBOIS, 101, rue Saint-Dominique.

M. Léopold-Arsène WARNAUD.

M. Georges-Vincent WENDLING.

M. POUZALGUE, désinfecteur aux Ambulances urbaines.

M. ROYER, cocher aux Ambulances municipales.

M. Édouard-Alexandre VERRIER, garçon de laboratoire.

M. SELLE, docteur-médecin.

M. SOCQUET,   —

M. VIBERT,   —

M. DESJARDINS, interne à l'hôpital Beaujon.

M. MORTAGNE,   —   —

M. RONDEAU,   —   — :

M. VÉRON,   —   —

M. ROUSSEL, interne au service médical de l'Exposition.

M. JOURDAIN, sergent au 28ᵉ d'infanterie.

M. LEMAIRE,   —   —

M. DÉSIRÉ,   caporal   —

M. MACQUET,   —   —

M. MARETTE,   —   —

M. MASSÉ,   —   —

M. POTTEVIN,   —   --

M. GOUPIL,   soldat   —

M. MARIONNEL, —   —

M. DURAND, brigadier de gardiens de la paix du XVIᵉ arrondissement.

M. LE MONTAGNER, sous-brigadier de gardiens de la paix du VIIIᵉ arrondissement.

M. MARTIN,   —   —   —

M. BIARD, gardien de la paix du VIIIᵉ arrondissement.

M. VIEL,   —   —

M. HUET, secrétaire du commissariat des Champs-Élysées.

M.   Bastien, inspecteur principal du commissariat des Champs-Élysées.
M.   Bellot,   —   —   —
M.   Filippini, inspecteur du commissariat des Champs-Élysées.

Mentions honorables.

Plus de cent, réparties entre :

Trois dames (sans profession).
Une demoiselle (modiste).
Deux RR. Pères des Augustins de l'Assomption (journal *la Croix*), dont le Supérieur.
Quatre ouvriers imprimeurs de la *Croix*.
Trois garçons de salle à l'hôtel du Palais.
Deux cuisiniers.
Sept cochers.
Six palefreniers.
Six valets de chambre.
Un sommelier.
Trois maîtres-d'hôtel.
Un secrétaire du Bazar de la Charité.
Un gardien surveillant du Bazar de la Charité.
Deux facteurs des postes.
Un journalier.
Deux garçons de magasin.
Un marchand de vins.
Trois concierges.
Deux cantonniers.
Un chauffeur mécanicien.
Deux ouvriers maréchaux-ferrants.
Un menuisier.
Trois plombiers.
Un gazier.
Un représentant de commerce.
Un confiseur.
Un porteur aux Halles.
Un marchand de programmes.
Un masseur.
Un architecte.
Deux pharmaciens.
Un docteur-médecin.
Le directeur de l'hôpital Beaujon.
Cinq internes   —
Un infirmier   —
Un commis-rédacteur de l'hôpital Beaujon.

Un interne des Ambulances urbaines.
Un externe des hôpitaux.
Un étudiant.
Un secouriste.
Quatre hommes (sans profession).
Deux sergents du 28ᵉ d'infanterie.
Sept soldats du 28ᵉ d'infanterie.
Deux sous-brigadiers de gardiens de la paix.
Sept gardiens de la paix.
Un sapeur de 1ʳᵉ classe.
Deux sapeurs de 2ᵉ classe.

AUX SAUVETEURS

En ce temps d'égoïsme où l'homme a pour maxime :
Dieu pour tous et chacun pour soi,
Où sa Majesté l'or gouverne et nous opprime,
Où l'intérêt privé fait loi,
Il est bien consolant de rencontrer encore
Des hommes au pur dévouement,   (rien de la science.)
Pour qui l'humanité n'est pas un mot sonore
Que l'on prononce vainement.
Ces modestes héros, c'est en vous qu'on les trouve,
Sauveteurs, soldats du devoir,
Et c'est auprès de ceux que le malheur éprouve
Qu'on est toujours sûr de vous voir,
Oui, vous êtes partout où le péril menace,
C'est pour vous la place d'honneur ;
Où surgit le danger on vous suit à la trace,
C'est là que vous guide le cœur !

E. GRANDHANTZ-LOISEAU.

LES BIENFAITEURS

Mme la comtesse DE CASTELLANE	1.000.000 fr.
Un bienfaiteur ou une bienfaitrice anonyme	937.438

MM. Edmond, Gustave et Alphonse DE ROTHSCHILD	100.000
L'Œuvre des Enfants tuberculeux	100.000

M. le baron ALPHONSE DE ROTHSCHILD	25.000
Mme la baronne DE HIRSCH	25.000
Mme la baronne ALPHONSE DE ROTHSCHILD	20.000
M. J. PIERPONT-MORGAN	20.000
	2.227.438 fr.

Mme la baronne Nathaniel DE ROTHSCHILD	10.000 fr.
EMPEREUR ET IMPÉRATRICE D'ALLEMAGNE	10.000
Mme la marquise DE VIVENS	10.000
Le Crédit Lyonnais	10.000
Le Cercle de l'Union artistique	8.000
Colonie Russe	8.000
	56.000
Report	2.227.438
	2.283.438 fr.

Mme la baronne Salomon DE ROTHSCHILD	6.000 fr.
Mme la princesse DE WAGRAM	5.000
M. et Mme Jules PORGÈS	5.000
Magasins du Louvre	5.000
M. le comte Boni DE CASTELLANE	5.000
M. Francisco RECUR	5.000
Le Bon Marché	5.000
M. Michel HEINE	5.000
En mémoire de Mme HENNESSY	5.000
	46.000
Report	2.283.438
	2.329.438 fr.

M. et Mme Achille Fould	5.000 fr.
M. le baron H. DE Bleichroëder	5.000
M. F. Boucheron	5.000
Mme la baronne Erlanger	5.000
M. le prince et Mme la princesse Murat	5.000
MM. G. et E. Schlumberger	5.000
M. le général Gusman-Blanco	5.000
M. le comte Pillet-Will	5.000
M. Chauchard	5.000
M. et Mme Amédée Dufaure	5.000
M. le baron et Mme la baronne F. DE Schickler	5.000
La Banque de Paris et des Pays-Bas	5.000
Le Comptoir national d'Escompte	5.000
La Société générale	5.000

La Nationale	4.000

M. le comte Greffulhe	3.000
Mme Louis Stern	3.000
Mme Nagelmackers	3.000
M. Jules Beer	3.000
Mme DE Provigny	3.000
Mme Edgard Stern	3.000
M. le comte et Mme la comtesse DE Ganay	3.000
MM. Louis et Raphaël Cahen, d'Anvers	3.000
Mme Isaac Pereire	3.000
Mme la comtesse R. DE Béarn	3.000
Mme la baronne James DE Rothschild	3.000
Mme Louise Singer	3.000
M. Jacques Stern	3.000
M. Louis Stern	3.000
M. Georges Halphen	3.000
M. le baron DE Schickler	3.000
M. H. J. Reinach	3.000
Assurances générales	3.000
Crédit industriel et commercial	3.000
Banque internationale de Paris	3.000
Mme la comtesse DE Galve	3.000
La Banque Parisienne	3.000

	140.000
Report	2.320.438
	2.460.438 fr.

M. E. Fache	2.000 fr.
M. Henri Bamberger	2.000
Mme la duchesse DE Grammont	2.000
MM. Menier	2.000
M. Paul Bertin	2.000
M. G. Prat	2.000
Le Jockey-Club	2.000
M. B. Bacot	2.000
Mme la comtesse Greffulhe	2.000
M. E. Hoskier	2.000
M. Michel Ephrussi	2.000
M. Ferdinand Bischoffsheim	2.000
Mme la marquise douairière D'Aramon	2.000
M. et Mme Paul Darblay	2.000
MM. les fils de A. Deutsch	2.000
M. le baron Gérard	2.000
M. et Mme Jules Gouin	2.000
M. et Mme Léon Fould	2.000
Cercle de la rue Royale	2.000
M. le duc et Mme la duchesse DE Mandos	2.000
M. Robert Lebaudy	2.000
Cercle agricole	2.000
Périer, Mercet et Cie	2.000
Pour les sauveteurs	2.000
M. Léopold Geldschmidt	2.000
R. H.	2.000
M. et Mme Cibiel	2.000
La Samaritaine	2.000
Mme Vve André	2.000
M. le duc et Mme la duchesse DE Doudeauville	2.000
MM. Mollet frères et Cie	2.000
MM. DE Neuflize et Cie	2.000
MM. Demachy et F. Sellière	2.000
M. et Mme E. Boivin	2.000
M. et Mme Monier	2.000
M. Auguste Subé	2.000
M. Henri Germain	2.000
MM. Vernes et Cie	2.000
M. et Mme V. Cruchet	2.000
M. le comte Osborne	2.000
MM. Mirabaud, Pucrari et Cie	2.000

	82.000
Report	2.469.438
	2.551.438 fr.

Le Comité du Grand Cercle. . . . . 2.000 fr.
M. Robert WENDEL. 2.000
M. et Mme E. GOUIN 2.000
M. le marquis de CASA RIERA 2.000
MM. HARTMANN et fils. 2.000
L'Union. 2.000
M. le baron R. OPPENHEIM. 2.000
Mme BESCHERELLE 2.000
Mme la baronne Van NISTENTOT TAN-
NERDEN 2.000

Souscription J. Mathieu. 1.700
La Providence 1.500
Société des Amateurs. 1.500
Mme et Mlle MEISSONNIER. 1.500
M. Willy BLUMENTHAL. 1.250
M. le prince et Mme la princesse BA-
NARABA DE BRANCOVAN 1.200

Mme Félix FAURE 1.000
M. Armand COLIN 1.000
La famille BOURCERET 1.000
Le *Figaro*. 1.000
Le Vaudeville 1.000
Le Gymnase. 1.000
M. le prince et Mme la princesse Ed-
mond DE POLIGNAC. 1.000
Mme la marquise DE L'AIGLE 1.000
Mme GROULT. 1.000
MM. HENROTTE fils et Cie 1.000
M. le baron LEJEUNE 1.000
M. et Mme CARRABY 1.000
Mme D.. . . . . 1.000
Saint Raphaël-Quinquina 1.000
Société sportive d'encouragement . . 1.000
Mme Vve DEFRÉMICOURT 1.000
M. le duc DE TALLEYRAND-VALENÇAY . 1.000
Anonyme A. E. M.. . . . . 1.000
Duchesse douairière DE NOAILLES . . 1.000
Mme RIDGWAY. 1.000

46.650
Report. 2.551.438

2.598.088 fr.

Mme V. Gustave LEBAUDY. . . . . . 1.000 fr.
S. G. E.. . . . . 1.000
Mme FOURNIER SARLOVÈZE. 1.000
Mme Jeannette BELL 1.000
M. BOCHER. 1.000
M. DUFAYEL 1.000
M. Alexis CREUZÉ DE LESSER. 1.000
M. le comte DE CHAMBRUN. 1.000
Mme Édouard NATHAN 1.000
M. le prince DE KAPURTHALA. 1.000
M. Charles PORGÈS 1.000
M. J. DE KERJÉGU. 1.000
Mme Louis CAHEN, d'Anvers. 1.000
Mme la comtesse Edmond DE POUR-
TALÈS 1.000
M. Gustave PEREIRE 1.000
M. et Mme Henry PEREIRE 1.000
M. le baron DU MESNIL 1.000
M. et Mme Aimée DARBLAY 1.000
Mme Jules JŒST 1.000
C. A. Ruffin ORDT 1.000
M. et Mme André PASTRÉ 1.000
Mme la comtesse DE GRAMONT D'ASTER. 1.000
Mme Edmond ARCHDÉACON 1.000
Mme AYER. 1.000
M. le comte et Mme la comtesse DE
DURFORT. 1.000
Mme la comtesse Théodore D'ESTAMPES. 1.000
M. le comte et Mme la comtesse DE LA-
RIBOISIÈRE 1.000
M. le comte J. et M. DE CAMONDO . . 1.000
M. le baron et Mme la baronne DE
LASSUS. 1.000
M. et Mme RIDGWAY 1.000
M. le comte et Mme la comtesse POZZO
DI BORGO 1.000
M. le vicomte et Mme la vicomtesse
Louis DE LA REDORTE 1.000
M. et Mme Henri SCHNEIDER. 1.000
M. le lieutenant-colonel COTTIN . . . 1.000
M. le comte LANJUINAIS 1.000
La Belle Jardinière. 1.000
Félix POTIN et Cie 1.000

37.000
Report. 2.598.088

2.635.088 fr.

Osiris	1.000 fr.
M. le comte DE LA REDORTE	1.000
M. et Mme Albert MALLAC	1.000
Mme DE CONDAMO	1.000
M. Albert ELLISSEN	1.000
M. le prince RADZIWILL	1.000
M. Paul SCHIFF	1.000
M. Paul FOULD	1.000
M. O. MARTINI	1.000
Mme POLOVTSOFF	1.000
Mme la comtesse FOY	1.000
M. Edmond DOLLFUS	1.000
M. et Mme Alfred ENGEL	1.000
M. le marquis et Mme la marquise DE BRETEUIL	1.000
M. le comte et Mme la comtesse DE POLIGNAC	1.000
Mme la baronne M. TOSSIZZA	1.000
Mme la duchesse DE MONTEAGUDO	1.000
M. et Mme Jules RUEF	1.000
Mme Émile PEREIRE	1.000
La Compagnie des Agents de change	1.000
Mme A. DUTFOY	1.000
Mme Vve ESTIENNE	1.000
M. Alfred SOMMIER	1.000
HACHETTE et Cie	1.000
M. P. RODOCONACHI	1.000
M. et Mme COLAÇO OSORIO	1.000
GOMPEL et Cie	1.000
Mme F. RATISBONNE	1.000
Mme la vicomtesse TREILHARD	1.000
M. G. K. KOUSNETZOFF	1.000
M. et Mme G. DUPONT	1.000
M. et Mme A. DE MIER	1.000
M. J. KŒNIGSWARTER	1.000
Mme la comtesse DE CAMONDO	1.000
Un groupe de membres de l'Union artistique	1.000
Mme L. HUFFER	1.000
M. Mathieu MAVROCORDATO	1.000
M. et Mme CASIMIR-PÉRIER	1.000
M. et Mme F. PICOT	1.000
Mme la vicomtesse G. DE FONTARCE	1.000
	40.000
Report	2.635.088
	2.675.088

Mme la duchesse douairière DE MAILLÉ	1.000 fr.
Mme la duchesse DE MORTEMART	1.000
Mme la comtesse DU PARC	1.000
M. Étienne GAUTIER	1.000
Le Jury et le Comité des expositions	1.000
Pour les œuvres du Bazar	1.000
M. et Mme SUBERVIELLE	1.000
M. Edwart BLOUNT	1.000
Mme CARAFA DE NOJA	1.000
Mme Vve ESTIENNE	1.000
Anonyme F.	1.000
Anonyme J. B.	1.000
M. et Mme J. EPHRUSSI	1.000
M. le baron et Mme la baronne M. GIRARD	1.000
La Comédie-Française	1.000
Mme la marquise DE MOUSTIER	1.000
Lord STANLEY et ALDERLEY	1.000
Mme Paul OPPENHEIM	1.000
MM. GAILLARD	1.000
CHRISTOFLE et Cie	1.000
Mme A. BACOT	1.000
Famille ARGOUTÉ	1.000
M. le comte et Mme la comtesse DE MAILLÉ	1.000
Mme MARCHAL DE CALVI	1.000
Mme la vicomtesse DE COURVAL	1.000
Mme et Mlles E. MULLER	1.000
Mme Emilia LAUS	1.000
M. le duc DE CHARTRES	1.000
Mme la comtesse DE ROSNAY	1.000
MM. SAINT-FRÈRES	1.000
M. R. L. BISCHOFFSHEIM	1.000
M. SALY STERN	1.000
MORGAN, ARGÈS et Cie	1.000
M. H. DE WENDEL	1.000
M. et Mme BARTHOLONI	1.000
Mme la vicomtesse DE CUREL	1.000
M. A. OPPENHEIM	1.000
FOULD et Cie	1.000
Mme Z. DE SOURDEVAL	1.000
Mme la baronne J. VITTA	1.000
Mme la baronne Joseph LÉONINO	1.000
	41.000
Report	2.675.088
	2.716.088

M. J. Herbert Debrousse	1.000 fr.	M. Léon Gosselin	1.000 fr.
Cie des Chargeurs-Réunis	1.000	M. Charles de Rouvre	1.000
Un gymnaste suisse	1.000	La Foncière	1.000
M. et Mme Henry Say	1.000	Soleil-Incendie	1.000
M. le baron Hugo de Bethmann	1.000	L'Aigle-Incendie	1.000
M. Biouché	1.000	Compagnie des Avoués	1.000
M. Aymé Darblay	1.000	Mme la baronne Sal. de Rothschild	1.000
M. le comte et Mme la comtesse L. de Ségur	1.000	Mme la duchesse douair. de Luynes	1.000
Comité du Cercle de l'Union	1.000	Mme Auban-Moët	1.000
M. le baron de Mackau	1.000	M. André Delbos	1.000
M. le comte de Montgermont	1.000	Mme de Provigny	1.000
Mme de Montgermont	1.000	M. Jules Barbet-Massin	1.000
M. Paul Lebaudy	1.000	M. H. Thomas, au nom de la princesse de Ligne	1.000
Mme Péan de Saint-Gilles	1.000	Mme Vve Pommery fils et Cie	1.000
M. le baron Creuzé de Lesser	1.000	Compagnie des Notaires de Paris	1.000
C. Goguel et Cie	1.000	M. le baron Fritz de Stumm	1.000
C. Goguel et Cie	1.000	Mme de B. Holker	1.000
Mme Maurice Cottier	1.000	En souvenir de Mme de Clermont	1.000
Mme Léon Dufour	1.000	M. et Mme André Boivin	1.000
M. E. Rolland-Gosselin	1.000	Mme Hanlauer	1.000
M. L. Rolland-Gosselin	1.000	Anonyme	1.000
M. le général Massing et Mme Massing	1.000	M. David Mennet	1.000
M. Édouard Empain	1.000	Les Forges et Chantiers de la Méditerranée	1.000
Mme la comtesse A. de Camando	1.000	Les Commissaires-priseurs de la Seine	1.000
M. Pierre Deschamps	1.000	Pierre Lebaudy	1.000
Mme Marie Deschamps	1.000	M. et Mme G. Dormeuil	1.000
M. et Mme Loperche	1.000	Mme Monrival	1.000
M. et Mme S. B	1.000	Assurances mutuelles	1.000
M. et Mme Rigaud	1.000	Mitjans, Movellan, Angulo	1.000
Mme Auguste Balsan	1.000	M. le prince de Monaco	1.000
M. et Mme Charles Balsan	1.000		
M. le comte et Mme la comtesse de Virieu	1.000	La Chambre syndicale des patrons fourreurs et pelletiers	975f »
M. le comte et Mme la comtesse du Bourg de Bozas	1.000	Mme la comtesse de Brou. . 500f » M. et Mme Mortureux . . . 200 » et la cagnotte de 1893. . . 101 35	801 35
R. H.	1.000	Famille de la Sizeranne	800 »
M. et Mme Eugène Pereire	1.000	Les élèves des Dominicains (Albert-le-Grand, Laplace, Lacordaire et Saint-Dominique)	700 »
Mme la baronne de Gorgan	1.000	Mme Émile Mesquelier	600 »
Mme Sabatier d'Espeyran	1.000		
M. et Mme G. Sabatier d'Espeyran	1.000		
M. le duc et Mme la duchesse de Dino	1.000		
M. Christophle	1.000		
	40.000		33.876 35 »
Report	2.716.000	Report	2.756.088 »
	2.756 088		2.789.964 35

217 souscripteurs à	500f	»	. . .	108.500f	»	63 souscripteurs à	30	»	. . .	1.890	»
1	—	420	» . . .	420	»	1	—	26 50	. . .	26 50
10	—	400	» . . .	4.000	»	76	—	25	» . . .	1.900 »
1	—	350	» . . .	350	»	1	—	23 50	. . .	23 50
1	—	310	» . . .	310	»	1	—	22 85	. . .	22 85
83	—	300	» . . .	24.900	»	1	—	22	» . . .	22 »
10	—	250	» . . .	2.500	»	3	—	21	» . . .	63 »
1	—	225	» . . .	225	»	797	—	20	» . . .	15.940 »
291	—	200	» . . .	58.200	»	1	—	15 50	. . .	15 50
1	—	180	» . . .	180	»	30	—	15	» . . .	300 »
1	—	160	» . . .	160	»	1	—	14	» . . .	14 »
19	—	150	» . . .	2.850	»	3	—	12	» . . .	36 »
1	—	125 80	. . .	125 80		331	—	10	» . . .	3.310 »
2	—	125	» . . .	250	»	1	—	9	» . . .	9 »
1	—	123 15	. . .	123 15		2	—	8	» . . .	16 »
4	—	120	» . . .	480	»	1	—	7	» . . .	7 »
1	—	107 40	. . .	107 40		7	—	6	» . . .	42 »
1	—	105	» . . .	105	»	1	—	5 50	. . .	5 50
1	—	103 70	. . .	103 70		1	—	5 45	. . .	5 45
1	—	100 10	. . .	100 10		1	—	5 20	. . .	5 20
1.093	—	100	» . . .	109.300	»	232	—	5	» . . .	1.160 »
2	—	90	» . . .	180	»	3	—	4	» . . .	12 »
1	—	75	» . . .	75	»	15	—	3	» . . .	45 »
1	—	70	» . . .	70	»	3	—	2 50	. . .	7 50
18	—	60	» . . .	1.080	»	2	—	2 25	. . .	4 50
1	—	55	» . . .	55	»	1	—	1 55	. . .	1 55
565	—	50	» . . .	28.250	»	2	—	1 50	. . .	3 »
1	—	49 20	. . .	49 20		2	—	1 05	. . .	2 10
2	—	45	» . . .	90	»	6	—	1	» . . .	6 »
134	—	40	» . . .	5.360	»	1	—	0 55	. . .	0 55
1	—	37.50	. . .	37 50		1	—	0 45	. . .	0 45
1	—	37	» . . .	37	»	1	—	0 30	. . .	0 30
1	—	35	» . . .	35	»					21.896 45

Left column total:

	348.608 85
Report. . . .	2.789.964 35
	3.138.573 20

Right column total:

	21.896 45
Report. . . .	3.138.573 20
Total général.	3.163.469f 65

dont une large part : **1.223.018 fr. 30**, a été spontanément recueillie par le *Figaro*.
En déduisant de la somme ci-dessus :

    Pour les sauveteurs 85.880f 25
    Pour la famille Jullian. 41.614 50
    Pour la famille David. . . . . 14.129 »
                                                                        ———————
                                                                        141.629 75   141.629 75

Le Comité central des œuvres de la charité peut disposer (sans compter ce qu'il reçoit chaque jour), de la somme de 3.021.839f 90